CABANES D'OISEAUX

Renée Schwarz

Texte français de Claudine Azoulay

Éditions
▶SCHOLASTIC

Pour Alex, Sophie et Pippa, mes oisillons, et pour Dédé, mon oiseau de paradis

Conception graphique : Karen Powers
Photographies de la couverture : Frank Baldassarra

Édition publiée par les Éditions Scholastic, 175 Hillmount Road, Markham (Ontario) L6C 1Z7, avec la permission de Kids Can Press Ltd.

5 4 3 2 1   Imprimé et relié en Chine   05 06 07 08

Catalogage avant publication de Bibliothèque et Archives Canada

Schwarz, Renée
Cabanes d'oiseaux / Renée Schwarz; texte français de Claudine Azoulay.

(Artisanat)
ISBN 0-439-95813-X

1. Nichoirs d'oiseaux -- Conception et construction -- Ouvrages pour la jeunesse. I. Azoulay, Claudine II. Titre. III. Collection.

QL676.5.S3514 2005   j690'.8927   C2004-905716-2

Table des matières

Données supplémentaires en troisième
de couverture

Introduction

En construisant des cabanes à oiseaux, nous encourageons les mésanges à tête noire, les merlebleus, les hirondelles, les troglodytes et de nombreuses autres espèces d'oiseaux à venir nicher dans notre cour. Puisqu'il y a de moins en moins de vieux arbres où les oiseaux peuvent bâtir leur nid, le fait de leur construire des cabanes n'est plus seulement un plaisir, c'est également important.

La confection de ces cabanes à oiseaux requiert des techniques de menuiserie simples qui sont faciles à apprendre, même si tu n'as jamais utilisé un marteau ou une scie. Et ne t'en fais pas si ta première cabane est un peu de travers : ça ne dérangera pas les oiseaux!

La plupart des cabanes peuvent se réaliser en un après-midi et elles dureront pendant des années. N'hésite pas à faire preuve de créativité en changeant le motif ou la taille de la cabane, mais veille toujours à ce qu'elle soit sécuritaire pour les oiseaux. Consulte le tableau donné à la fin du livre pour modifier les projets en fonction des différentes espèces.

La construction de cabanes à oiseaux est une activité amusante, mais le plus intéressant, c'est de voir des oiseaux y nicher. Tout un spectacle!

MATÉRIEL ET OUTILS

Le matériel et les outils dont tu auras besoin se vendent dans les quincailleries. Tu peux aussi trouver chez toi des planches, des clous, des vis, etc., mais demande toujours la permission avant de t'en servir.

Il te faudra des crayons et des règles pour marquer et mesurer les matériaux. Souviens-toi de toujours mesurer deux fois pour n'avoir à couper qu'une seule fois!

Le bois se vend dans des épaisseurs et des largeurs standard mesurées en pouces, même si les mesures réelles sont un peu plus petites. Par exemple, si tu mesurais une planche de 1 x 6, ses dimensions réelles seraient de ¾ po x 5½ po. Les planches ordinaires mesurent 1 x 2, 1 x 4, 1 x 5, 1 x 6, 1 x 8 et 1 x 10. Pour les projets décrits dans ce livre, tu peux acheter des planches aux dimensions énumérées et les couper à la longueur voulue.

La plupart des projets sont faits avec des planches de pin de 1 pouce d'épaisseur, car ce bois est solide, se coupe facilement et protège les oiseaux des intempéries. On peut aussi utiliser du contreplaqué d'extérieur, mais les clous et les vis ne tiennent pas aussi bien sur les bords. N'utilise pas du bois traité.

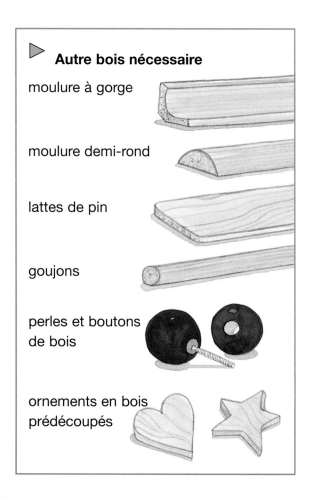

Autre bois nécessaire

moulure à gorge

moulure demi-rond

lattes de pin

goujons

perles et boutons de bois

ornements en bois prédécoupés

Fournitures nécessaires pour fabriquer et décorer les cabanes d'oiseaux

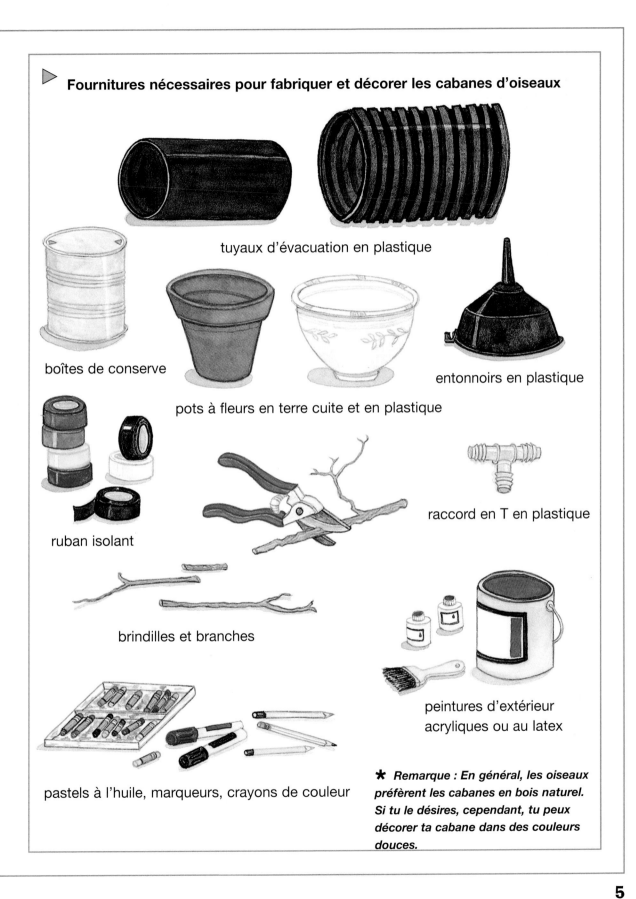

tuyaux d'évacuation en plastique

boîtes de conserve

pots à fleurs en terre cuite et en plastique

entonnoirs en plastique

ruban isolant

raccord en T en plastique

brindilles et branches

peintures d'extérieur acryliques ou au latex

pastels à l'huile, marqueurs, crayons de couleur

✱ *Remarque : En général, les oiseaux préfèrent les cabanes en bois naturel. Si tu le désires, cependant, tu peux décorer ta cabane dans des couleurs douces.*

▶ **Outils nécessaires pour fabriquer les cabanes d'oiseaux**

scie égoïne

marteau de charpentier

scie à chantourner

tournevis

serre-joints en C ou étau d'établi

pince à long bec

perceuse électrique

pince-étau

perceuse à main

sécateur

clé à molette

coupe-fil

mèches hélicoïdales

scies-cloches

mèches à centre plat

cisailles à métaux

▶ Matériel nécessaire pour assembler les cabanes d'oiseaux

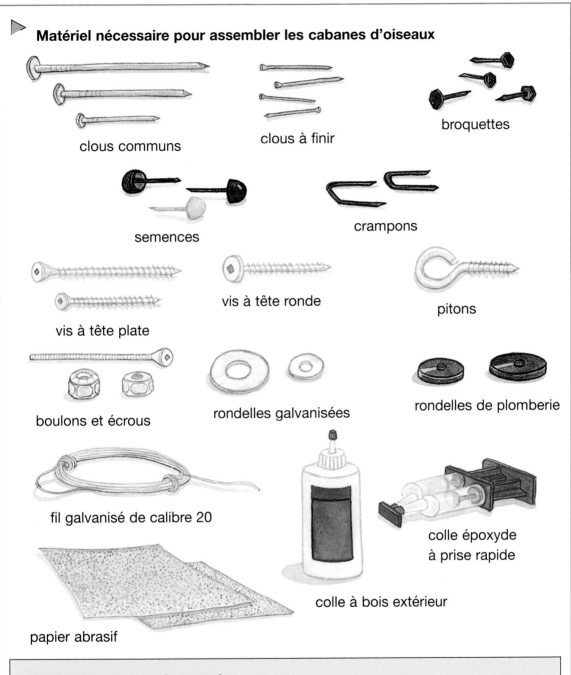

clous communs

clous à finir

broquettes

semences

crampons

vis à tête plate

vis à tête ronde

pitons

boulons et écrous

rondelles galvanisées

rondelles de plomberie

fil galvanisé de calibre 20

colle à bois extérieur

colle époxyde
à prise rapide

papier abrasif

Consignes de sécurité :

✱ Il faut suivre attentivement les indications du fabricant quand on utilise de la colle époxyde.

✱ Si un projet exige la perceuse électrique, demande toujours à un adulte de s'en servir.

✱ Porte des gants de travail et des lunettes protectrices, car le métal et le fil métallique coupés sont très pointus.

Techniques de menuiserie

Avant de te lancer dans les projets décrits dans ce livre, lis ce chapitre et demande à un adulte de te montrer comment utiliser les outils.

La sécurité

Les outils à main sont sécuritaires si l'on s'en sert comme il faut et avec précaution. Protège-toi toujours en portant des lunettes protectrices et des gants de travail, surtout quand tu scies, perces ou coupes. Ne force jamais un outil, car il pourrait glisser et te blesser. Prends bien ton temps et, si une étape est trop difficile pour toi, fais appel à un adulte. Demande toujours à un adulte d'utiliser la perceuse électrique à ta place lorsqu'un projet l'exige.

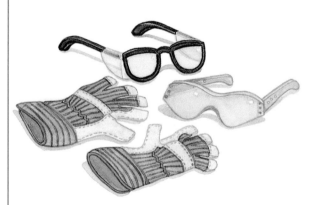

La surface de travail

Il est préférable d'utiliser une table de travail ou un établi. Une grande planche de bois peut aussi te servir de surface de travail. Assure-toi que l'endroit où tu travailles est propre. Balaie la sciure au fur et à mesure, car elle peut rendre le sol glissant.

Comment maintenir le bois en place

Pour maintenir le bois en place, tu peux te servir de serre-joints en C ou d'un étau d'établi. Il est important de fixer le bois sur ta surface de travail pour qu'il ne bouge pas pendant que tu le scies ou le perces. Les illustrations t'indiqueront comment placer le bois. Les petites pièces comme les branches sont difficiles à maintenir dans un serre-joint ou un étau; tu pourrais demander à quelqu'un de les tenir pour toi.

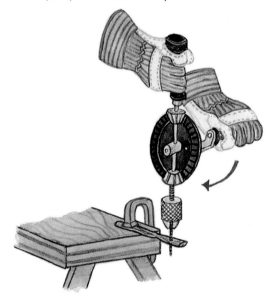

Comment scier

Après avoir mis des gants de travail et des lunettes protectrices, fixe le bois sur ta surface de travail, comme sur l'illustration ci-dessous. Essaie de ne pas scier, percer ou clouer dans les nœuds du bois.

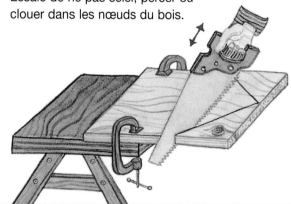

Pour scier, déplace la scie lentement vers toi à plusieurs reprises afin de créer une entaille pour la lame. Continue à scier en effectuant des va-et-vient complets. Laisse la scie glisser toute seule; si tu appuies trop fort, la lame se coincera ou pliera. Essaie de garder la scie à un angle de 45°. À la fin du sciage, retiens le bout de bois coupé pour qu'il ne se casse pas net.

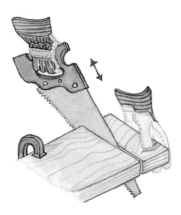

La scie à chantourner sert à découper des formes rondes et des ornements. Trace la forme sur le bois, près du bord. Fixe la planche sur ta surface de travail, puis découpe la forme. Il est en général plus facile de faire plusieurs petites coupes qui vont se rejoindre plutôt que de scier la pièce en une seule coupe. Sers-toi de papier abrasif pour poncer les bords rugueux.

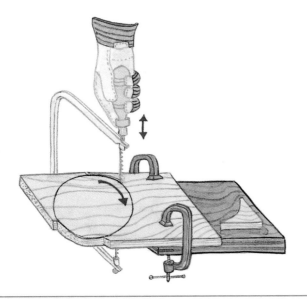

Comment percer

Porte toujours des lunettes protectrices et des gants de travail, et fixe solidement la pièce de bois pour qu'elle ne tourne pas. Fais dépasser de ta surface de travail le bout de bois que tu vas percer ou place une retaille de bois en dessous pour ne pas risquer de percer la table.

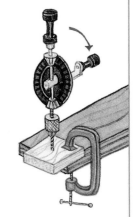

Les mèches s'insèrent dans le mandrin, ou porte-mèche, et on les bloque en serrant la bague du mandrin dans le sens des aiguilles d'une montre (vers la droite). La taille du trou obtenu dépend de la grosseur de la mèche utilisée.

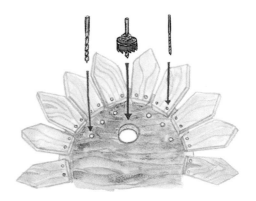

Sers-toi d'une perceuse à main pour faire des trous d'aération, de drainage et de montage, ainsi que des avant-trous avant de clouer ou de visser.

Les trous d'entrée se font à l'aide d'une perceuse électrique munie d'une scie-cloche ou d'une mèche à centre plat. Marque le centre du trou, puis demande à un adulte de faire le trou pour toi.

Comment clouer

Tiens le clou entre le pouce et l'index, comme sur l'illustration ci-dessous. Tape doucement la tête du clou jusqu'à ce qu'il tienne tout seul dans le bois. Ôte tes doigts et tape un peu plus fort. Une fois le clou bien enfoncé, tape à grands coups. Si le clou se tord, enlève-le avec la panne du marteau et recommence.

Il ne faudrait pas que les clous dépassent à l'intérieur de ta cabane! Si c'est le cas, aplatis leur pointe avec un marteau pour qu'ils ne piquent pas.

Comment visser

Les vis sont plus solides que les clous; on peut les dévisser et les enlever facilement. Choisis un tournevis qui convient à la fente sur la tête de la vis. Le tournevis doit s'insérer parfaitement pour ne pas risquer de glisser de la fente quand tu vas le tourner. Fais d'abord des petits avant-trous si le bois commence à éclater. Les vis, pitons, boulons et écrous se vissent toujours dans le sens des aiguilles d'une montre (vers la droite) et ils se dévissent dans le sens contraire des aiguilles d'une montre (vers la gauche).

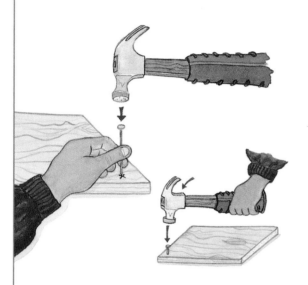

Pour clouer des lattes de bois fines ou des branches, fais des petits avant-trous afin d'empêcher le bois d'éclater.

Conseils d'installation et d'entretien

Installe ta cabane d'oiseaux sur un poteau de clôture, dans un arbre ou sur un bâtiment. Chaque oiseau a son endroit préféré. Consulte le tableau donné à la fin du livre pour savoir ce qui convient à chacun.

● Si tu as percé des trous de fixation à l'arrière de la cabane, utilise des vis ou du fil métallique pour la fixer.

● Pour les cabanes qui n'ont pas de trous de fixation, tu peux visser des plaques d'assemblage ou des équerres sur les coins arrière de la cabane pour l'installer.

● Place ta cabane dans un endroit qui sera à l'ombre pendant une partie de la journée.

● Autant que possible, oriente le trou d'entrée vers l'est, car les oiseaux aiment le soleil du matin.

● Place la cabane dans un endroit où les chats ne pourront ni grimper ni sauter.

● Prends bien soin de faire des trous de drainage dans le plancher ainsi que des trous d'aération.

● Au début du printemps, dévisse le plancher de la cabane pour la nettoyer. N'oublie pas de mettre des gants. Vérifie en même temps s'il faut faire des réparations.

● Si aucun oiseau n'a adopté ta cabane au bout d'un ou deux ans, change-la de place.

Une terrasse sur mesure

Pour le merle d'Amérique, qui préfère le plein air

Il te faut :

- deux planches de pin : 1 x 8 x 15 cm
- des petites branches ou des brindilles
- trois clous communs de 2 po
- une quarantaine de clous communs de 1 po
- quatre bouts de 1 m de fil galvanisé de calibre 20
- des petits cœurs en bois prédécoupés
- un crayon de pastel à l'huile rouge
- un crayon et une règle
- des gants de travail et des lunettes protectrices
- des serre-joints en C, une scie, un marteau, une perceuse à main avec une mèche de ¼ po et une de 1⁄16 po, un sécateur, un coupe-fil

1 Pour la plateforme, enfonce les trois clous de 2 po dans une planche, à environ 1 cm du bord d'un petit côté : un au centre et un près de chaque extrémité. Les clous doivent juste ressortir de l'autre côté.

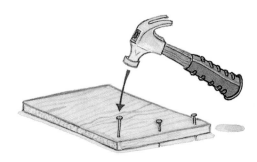

2 Joins les deux planches comme sur l'illustration et cloue-les ensemble.

3 Fixe le panneau arrière sur ta surface de travail. Marque deux trous de fixation à 5 cm du haut. À la perceuse à main, fais des trous de ¼ po.

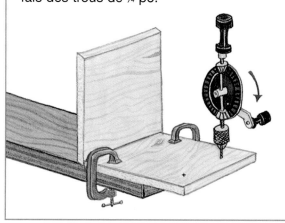

4 À l'aide d'un sécateur, découpe soigneusement les branches en dix-sept morceaux de 9 cm, trois morceaux de 23 cm et de quinze à vingt morceaux de 20 cm.

5 Pour que les branches n'éclatent pas pendant le clouage, fais des trous de 1/16 po, à environ 1 cm de chaque bout, en te servant de la perceuse à main. Fixe les branches sur ta surface de travail ou demande à quelqu'un de les tenir pendant que tu les perces.

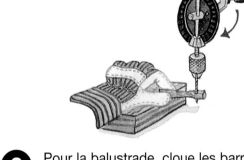

6 Pour la balustrade, cloue les barreaux de 9 cm en les espaçant de 2 cm (cinq à l'avant et six de chaque côté). Cloue deux branches de 23 cm sur le panneau arrière, comme sur l'illustration.

7 Pour le toit, cloue les branches de 20 cm sur le dessus, en les serrant le plus possible les unes sur les autres.

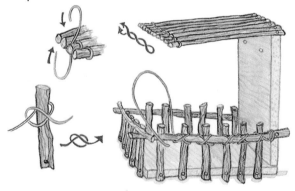

8 Pour chacun des côtés, enroule un morceau de fil métallique autour des barreaux et des traverses pour les maintenir ensemble. Ajoute une branche de 23 cm sur le devant et fixe-la avec du fil métallique. Fixe les branches du toit à l'aide de fil métallique, à proximité du bord avant.

9 Colorie les cœurs en bois et cloue-les sur la terrasse.

Une tablette céleste

Pour le moucherolle phébi et les autres oiseaux qui aiment dormir à la belle étoile

Il te faut :

- des planches de pin : 1 x 6 x 25 cm, 1 x 8 x 14 cm, 1 x 8 x 15 cm, 1 x 8 x 13 cm
- deux bouts de 22 cm de moulure demi-rond de ¾ po
- des petites étoiles et une lune en bois, prédécoupées
- dix clous communs de 2 po
- quatre clous à finir de ¾ po
- de la colle à bois extérieur et un linge humide
- un crayon, une règle, des pastels à l'huile
- des gants de travail et des lunettes protectrices
- des serre-joints en C, une scie, un marteau, une perceuse à main avec une mèche de ¼ po, une scie à chantourner

1 Pour l'arrière, enfonce trois clous de 2 po dans la planche de 25 cm, à environ 1 cm du bord d'un petit côté : un au centre et un près de chaque extrémité. Les clous doivent juste ressortir de l'autre côté.

2 Applique de la colle sur un petit côté de la planche de 14 cm. Joins les planches comme sur l'illustration et cloue-les ensemble. Essuie le surplus de colle.

3 Fixe le panneau arrière sur ta surface de travail. Marque deux trous de montage, à environ 1,5 cm du haut. À la perceuse à main, fais deux trous de ¼ po.

4 Enfonce trois clous de 2 po le long du grand côté de la planche de 15 cm, comme à l'étape 1.

5 Applique de la colle sur un grand côté de la planche de 13 cm. Cloue les panneaux du toit ensemble, comme sur l'illustration. Essuie le surplus de colle.

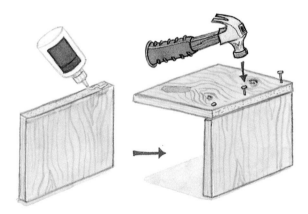

6 Fixe le panneau arrière sur le toit, à l'aide de clous de 2 po. Le sommet du toit doit dépasser du panneau arrière, comme sur l'illustration.

7 Place la moulure sur le devant de la tablette, comme sur l'illustration. Marque le bord supérieur du toit sur le côté plat de la moulure. Découpe le long de la ligne avec la scie à chantourner.

8 Colle la moulure à sa place, puis essuie le surplus de colle. Enfonce les clous à finir, comme sur l'illustration.

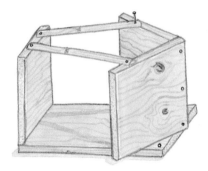

9 Colorie les étoiles et la lune, puis colle-les sur la tablette.

Le pot au tournesol

Un logement ensoleillé à louer aux troglodytes

Il te faut :

- un pot à fleurs en terre cuite vernie ou émaillée, d'environ 16 cm de diamètre
- des planches de pin : 1 x 8 x 17 cm, 1 x 2 x 40 cm, 1 x 2 x 5 cm
- dix-sept lattes de pin de ⅛ po, 1¼ po x 8 cm
- une quarantaine de clous à finir de ¾ po
- de soixante à quatre-vingts broquettes noires de ¾ po
- un écrou et un contre-écrou de 2 po
- une rondelle de plomberie noire
- quatre pitons de 1¼ po
- quatre bouts de 10 cm et un bout de 2 m de fil métallique de calibre 20
- des pastels à l'huile jaune, brun clair, noir et vert
- un crayon, une règle, de la colle à bois extérieur et un linge humide
- des gants de travail et des lunettes protectrices
- des serre-joints en C, un marteau, une perceuse à main avec une mèche de ⁵⁄₁₆ et une de ¹⁄₁₆, une perceuse électrique avec une scie-cloche de 1¼ po, une scie à chantourner, un tournevis, une pince-étau ou une clé à molette

1 Place le pot à l'envers sur la planche de 17 cm. Un côté du pot doit dépasser le bord de la planche d'environ 2 cm. Trace le contour du pot au crayon.

2 Enlève le pot. Trace un cercle à l'extérieur du premier, à environ 1 cm de distance, comme sur l'illustration.

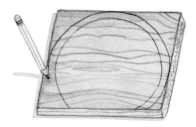

3 Fixe la planche sur ta surface de travail. Fais un X au centre, à 11,5 cm du bord rectiligne. Demande à un adulte de faire un trou d'entrée de 1¼ po sur le X, à la perceuse électrique.

4 À la perceuse à main, fais trois trous d'aération de ⁵⁄₁₆ po de part et d'autre du trou d'entrée, comme sur l'illustration.

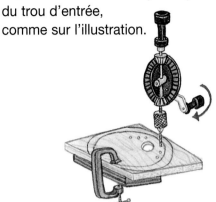

5 Avec la scie à chantourner, découpe le cercle le long du tracé extérieur. Ne t'en fais pas si le cercle n'est pas parfait, car ses bords seront cachés.

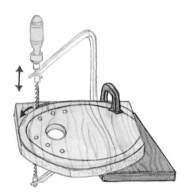

6 Pour chacun des dix-sept pétales, dessine le bout d'un pétale sur l'extrémité d'une latte de pin. Fixe la latte sur ta surface de travail et découpe le bout du pétale à la scie à chantourner.

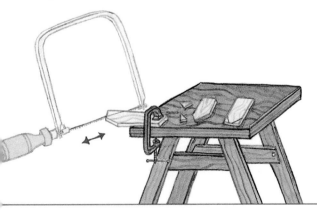

7 Colorie grossièrement les pétales en jaune et en brun, puis mélange un peu les couleurs. Colorie le cœur de la fleur (à l'intérieur du cercle) en noir. Colorie la planche de 40 cm en vert pour faire la tige.

8 Applique de la colle sur le dos des pétales et cloue-les autour du cœur de la fleur en te servant de deux clous à finir par pétale. Si le bois éclate, fais d'abord des avant-trous de ¹⁄₁₆ po, à la perceuse à main.

9 Avec un marteau, enfonce les broquettes dans le cœur de la fleur pour faire les graines.

10 Fixe la planche de 40 cm sur ta surface de travail. Marque deux trous de ⁵⁄₁₆ po puis fais-les à la perceuse à main, l'un à 2,5 cm et l'autre à 11 cm de chaque extrémité.

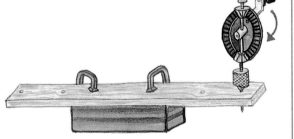

11 Fixe la planche de 5 cm sur ta surface de travail. Marque un trou de ⁵⁄₁₆ au centre et fais-le à la perceuse à main.

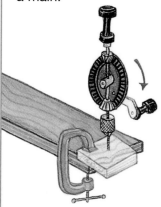

12 Insère le boulon dans un trou de la planche de 40 cm, comme sur l'illustration. Place le pot par-dessus, puis la rondelle, puis la planche de 5 cm.

13 En tenant le contre-écrou avec la pince-étau ou la clé à molette, sers-toi du tournevis pour visser l'écrou sur le boulon. Serre-le délicatement pour ne pas faire craquer le pot.

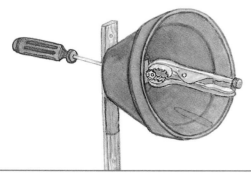

14 Place le pot à l'envers sur le dos de la fleur en laissant un espace dans le bas pour le drainage. Fais quatre X, comme sur l'illustration. Enlève le pot et visse un piton sur chacun des X.

15 Fais passer un bout de 10 cm de fil métallique plié dans chaque piton. Entortille-le une fois pour le faire tenir.

16 Place le pot entre les pitons. Enroule le bout de fil métallique de 2 m plusieurs fois autour du pot, en le faisant passer dans les fils métalliques des pitons. Entortille les deux bouts de ce fil métallique, puis entortille les bouts des fils métalliques des pitons pour maintenir le pot solidement contre la fleur.

Un amour de nichoir

Les hirondelles ont besoin d'une petite échelle pour que les oisillons puissent sortir de la cabane

Il te faut :

- des planches de pin : 1 x 8 x 23 cm, 1 x 6 x 54 cm, 1 x 8 x 40 cm, 1 x 6 x 14,5 cm, 1 x 10 x 23 cm
- 23 cm de moulure à gorge de $\frac{7}{16}$ po
- seize clous communs de 2 po
- deux vis n° 6 de 1½ po   • trois clous à finir de ¾ po
- des broquettes n° 8 pour la décoration
- un crayon et une règle
- des gants de travail et des lunettes protectrices
- des serre-joints en C, une scie, un marteau, une perceuse à main avec une mèche de $\frac{3}{32}$ po et une de ¼ po, une perceuse électrique avec une scie-cloche ou une mèche à centre plat de 1½ po, un tournevis

1 Pour l'avant, fais un X au centre de la planche de 8 x 23 cm, à 17 cm du bord d'un petit côté.

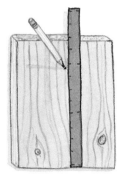

2 Fixe la planche sur ta surface de travail et demande à un adulte de faire un trou d'entrée de 1½ po sur le X, à la perceuse électrique.

3 Pour faire une échelle à l'intérieur de la cabane, fais quatre rainures à la scie, sous le trou, espacées d'environ 2 cm, comme sur l'illustration.

4 Sur la planche de 54 cm, fais une marque à 30 cm d'un bord et à 23,5 cm de l'autre. Trace une ligne à la règle entre les deux marques. Maintiens la planche et scie le long de la ligne pour faire les deux côtés de la cabane.

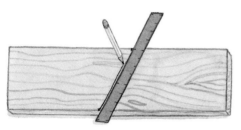

5 Pour chaque côté, fixe le panneau, puis, à la perceuse à main, fais trois trous d'aération de ¼ po, à environ 2,5 cm du bord coupé en biais, comme sur l'illustration.

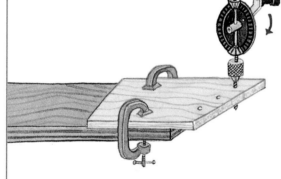

6 Pour l'arrière, fixe la planche de 40 cm et marque quatre trous de montage, à environ 2,5 cm des coins supérieurs et inférieurs. Fais des trous de ¼ po à la perceuse à main.

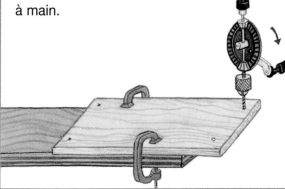

7 Avec un marteau, enfonce six clous de 2 po dans le panneau avant, à environ 1 cm de chaque bord : un au milieu et un près de chaque extrémité. Les clous doivent juste ressortir de l'autre côté.

8 Pose le panneau avant à environ 1 cm au-dessous des bords supérieurs des panneaux de côté, comme sur l'illustration. Cloue les panneaux ensemble.

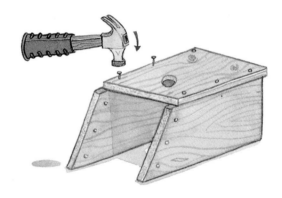

9 Pose le panneau arrière à 5 cm au-dessus des bords supérieurs des panneaux de côté. Cloue les panneaux ensemble.

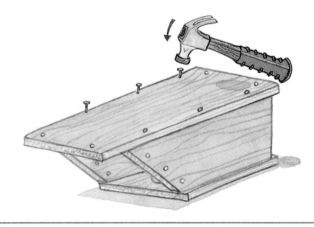

10 Marque, puis fais à la perceuse à main deux avant-trous de ³⁄₃₂ po dans les côtés, près du bord inférieur : un à environ 4 cm de l'avant sur un côté et l'autre à environ 4 cm de l'arrière sur l'autre côté.

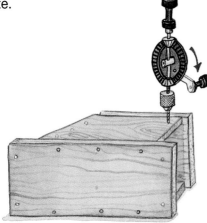

11 Pour faire le fond, fixe la planche de 14,5 cm et découpe à la scie un triangle de 1 cm de côté dans chaque coin pour le drainage.

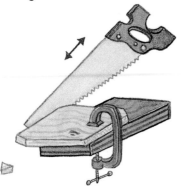

12 Insère le fond dans la cabane de façon que la base soit plate. Serre les vis.

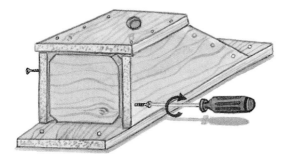

13 Pour faire le toit, fixe la planche de 10 x 23 cm à l'aide de deux clous de 2 po de chaque côté.

14 À l'aide de clous à finir de ¾ po, fixe la moulure pour couvrir l'espace où se joignent le toit et le panneau arrière.

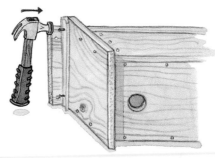

15 Pour décorer ta cabane, cloue des broquettes autour du trou d'entrée (cela empêchera aussi les prédateurs de le ronger pour l'agrandir). Dessine un cœur sur le devant et cloue d'autres broquettes. Si le bois éclate, fais d'abord des tout petits avant-trous.

La cabane de branchages

Une cachette idéale pour la sittelle

Il te faut :

- des planches de pin : 1 x 6 x 28 cm, 1 x 4 x 19 cm,
  1 x 4 x 27 cm, 1 x 4 x 10 cm, 1 x 8 x 27 cm
- seize clous communs de 1½ po
- deux vis de 1½ po
- de soixante à quatre-vingts clous communs de 1 po
  et de 1½ po
- une quarantaine de branches de 20 à 30 cm de longueur
  et 1 ou 2 cm d'épaisseur
- un sécateur   • un crayon et une règle
- des gants de travail et des lunettes protectrices
- des serre-joints en C, une scie, un marteau, une perceuse
  à main avec une mèche de ³⁄₃₂ po et une de ¹⁄₁₆ po, une
  perceuse électrique avec une scie-cloche ou une mèche
  à centre plat de 1¼ po, un tournevis

1 Pour l'avant, fais une marque à 20 cm sur le bord d'un grand côté d'une planche de 28 cm. À l'aide d'une règle, trace une ligne entre la marque et le coin opposé, comme sur l'illustration.

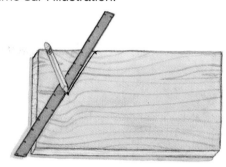

2 Fixe la planche sur ta surface de travail et scie le long de la ligne.

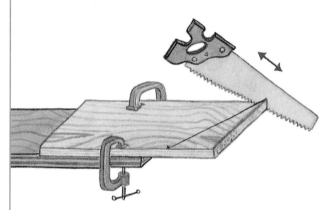

3 Pour l'arrière, répète les étapes 1 et 2 en te servant de l'autre planche de 28 cm.

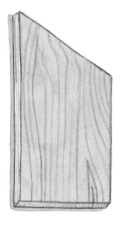

4 Sur le panneau avant, fais un X au centre, à 19 cm du bord inférieur. Fixe la planche et demande à un adulte de faire un trou d'entrée de 1¼ po sur le X, à la perceuse électrique.

6 Pose le panneau avant sur les planches des côtés de 19 cm et de 4 x 27 cm, de façon que les bords inférieurs soient de niveau. Cloue les planches ensemble.

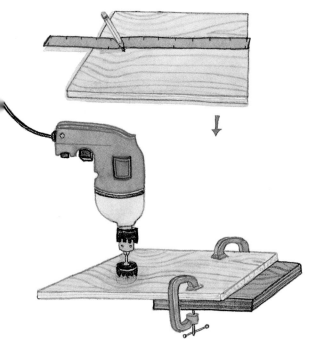

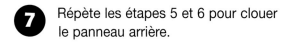

7 Répète les étapes 5 et 6 pour clouer le panneau arrière.

5 Sers-toi de clous de 1½ po pour assembler la cabane. Enfonce trois clous dans le panneau avant, le long de chaque côté, à environ 1 cm du bord : un au milieu et un près de chaque extrémité. Les clous doivent juste ressortir de l'autre côté.

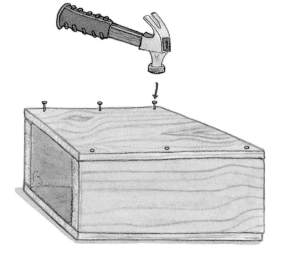

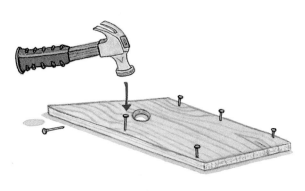

8 Pour le fond, maintiens la planche de 10 cm et découpe à la scie un triangle de 1 cm de côté dans chaque coin pour le drainage.

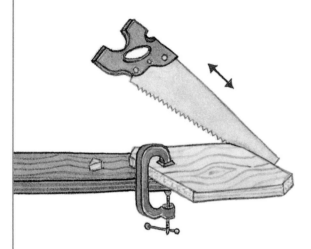

9 Marque et fais à la perceuse à main deux avant-trous de ³⁄₃₂ po dans les côtés, près des bords inférieurs : un à environ 5 cm de l'avant sur un côté et un autre à 5 cm de l'arrière sur l'autre côté. Insère le fond dans la cabane. Serre les vis.

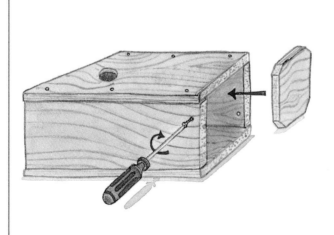

10 Pour faire le toit, pose la planche de 8 x 27 cm sur la cabane de façon qu'elle soit de niveau avec l'arrière et qu'elle dépasse d'environ 4 cm le haut pointu. Cloue-la sur les panneaux avant et arrière, comme sur l'illustration.

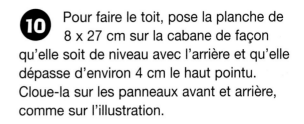

11 Pour éviter que les branches n'éclatent au clouage, fais des avant-trous de ¹⁄₁₆ po près des bouts, à la perceuse à main.

12 Sers-toi de clous communs de 1 po ou de 1½ po, selon l'épaisseur de la branche, pour fixer les branches sur l'avant, les côtés et le toit, en serrant celles-ci les unes sur les autres le plus possible. Les clous ne doivent pas ressortir à l'intérieur de la cabane. Ne recouvre pas les vis qui retiennent le fond.

13 Cloue quelques branches supplémentaires en travers du panneau avant, en guise de décoration.

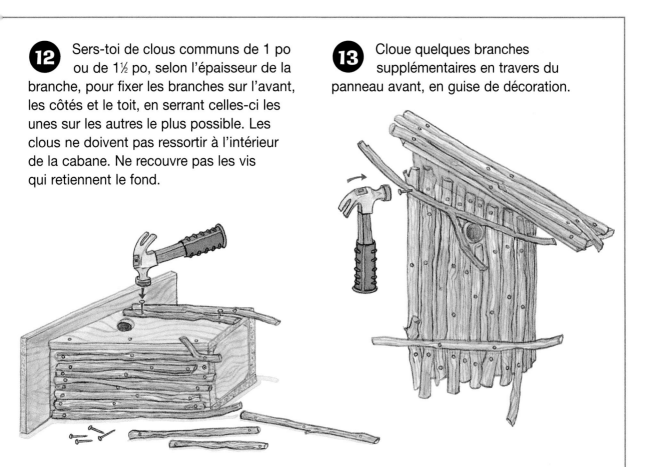

Autres suggestions

- Taille des branches pour créer un motif.
- N'utilise que quelques branches.

Une maisonnette penchée

Le merlebleu volera tout droit vers cette adorable maisonnette penchée

Il te faut :

- des planches de pin vieilli ou neuf : trois de 1 x 6 x 30 cm, 1 x 6 x 18 cm, 1 x 4 x 11 cm, 1 x 8 x 28 cm, 1 x 8 x 14 cm, 1 x 2 x 28 cm
- quatorze vis n° 6 de 1½ po
- sept clous communs de 2 po
- trois clous communs de 1½ po
- quatre clous à finir de 1 po • des semences noires
- deux crampons • des retailles de bois
- 6 cm de goujon de ¼ po
- des pastels à l'huile rouge et noir, et un marqueur noir
- un crayon, une règle, de la colle à bois extérieur
- des gants de travail et des lunettes protectrices
- des serre-joints en C, une scie, un marteau, une perceuse à main avec une mèche de ¼ po et une de ³⁄₃₂ po, une perceuse électrique avec une scie-cloche de 1½ po, un tournevis, du papier abrasif

1 Pour l'avant, fais un X au centre d'une planche de 30 cm, à 20 cm d'une extrémité.

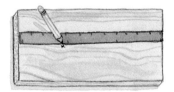

2 Fixe la planche sur ta surface de travail et demande à un adulte de faire un trou d'entrée sur le X, à la perceuse électrique.

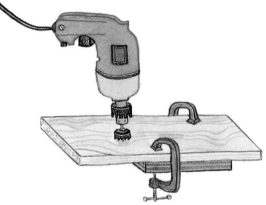

3 Sur le bord droit de la planche, fais une marque à 3 cm du bas et une autre à 9 cm du haut. À l'aide d'une règle, trace deux lignes entre les marques et les coins opposés, comme sur l'illustration.

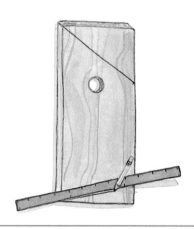

4 Découpe les triangles à la scie.

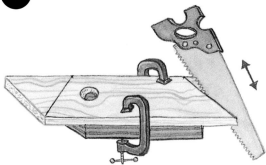

5 Fais une marque sur le bord inférieur, à 10 cm du bord gauche. Trace une ligne entre la marque et le coin supérieur droit, comme sur l'illustration. Découpe le triangle à la scie.

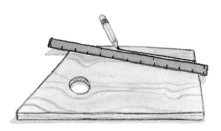

6 Pour l'arrière, pose le panneau avant sur une autre planche de 30 cm et trace les angles découpés. Fixe le panneau arrière et scie le long des lignes.

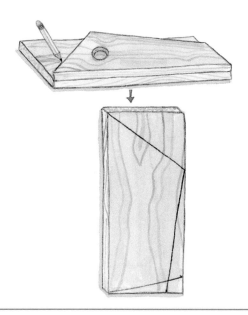

7 Pour faire les côtés, à la perceuse à main, fais des avant-trous de ³⁄₃₂ po à environ 1 cm du bord du côté de 20 cm du panneau avant : un au milieu et un près de chaque extrémité. Serre trois vis jusqu'à ce qu'elles ressortent juste de l'autre côté.

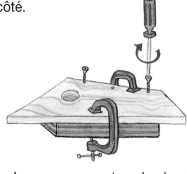

8 Pose le panneau avant sur la planche de 18 cm, comme sur l'illustration, de façon que les bords inférieurs soient de niveau. Visse les planches ensemble.

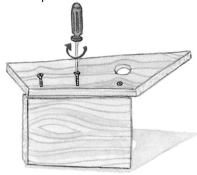

9 À la perceuse à main, fais trois avant-trous de ³⁄₃₂ po dans la troisième planche de 30 cm, à environ 1 cm du bord : un au milieu et un à 5 cm de chaque extrémité. Serre trois vis jusqu'à ce qu'elles ressortent juste de l'autre côté.

10 Place cette planche contre le panneau avant, comme sur l'illustration, de façon que les bords inférieurs soient de niveau. Visse les planches ensemble.

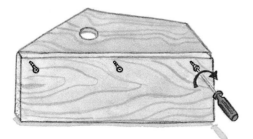

11 Place le panneau arrière de façon que les bords inférieurs soient de niveau avec les panneaux des côtés. À la perceuse à main, fais six avant-trous : un au milieu et un près de chaque extrémité de chacun des côtés. Visse les planches ensemble.

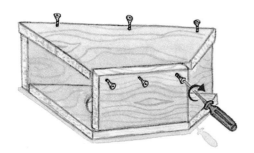

12 Pour le fond, fixe la planche de 11 cm et découpe à la scie un triangle de 1 cm dans chaque coin pour le drainage. Insère cette planche dans la cabane pour créer une base plate. Au besoin, retaille le fond pour qu'il s'adapte. Serre une vis de chaque côté pour fixer le fond.

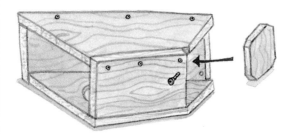

13 Pour le toit, enfonce trois clous de 2 po dans la planche de 14 cm, à environ 1 cm du bord d'un grand côté, comme sur l'illustration. Les clous doivent juste ressortir de l'autre côté.

14 Pose la planche de 14 cm sur la planche de 8 x 28 cm, comme sur l'illustration, et cloue-les ensemble.

15 Pose le toit sur la cabane de façon qu'il soit de niveau avec l'arrière. Fixe le panneau le plus long du toit sur l'avant et sur l'arrière en utilisant deux clous de 2 po de chaque côté.

16 Pour la cheminée, colorie la planche de 2 x 28 cm avec le marqueur et les pastels à l'huile pour imiter des briques. À la perceuse à main, fais un trou de fixation de ¼ po, à 2,5 cm d'une extrémité. À l'aide de clous de 1½ po, fixe la planche sur l'arrière de la cabane.

18 Découpe la porte dans une retaille de bois. Colorie-la au crayon pastel rouge et fixe-la sur l'avant à l'aide de clous à finir. Enfonce une broquette en guise de poignée. Cloue aussi un seuil de porte fabriqué avec une autre retaille de bois.

17 Enfonce des broquettes autour du trou d'entrée (cela empêchera aussi les prédateurs de le ronger pour l'agrandir). Si le bois éclate, fais d'abord de petits avant-trous.

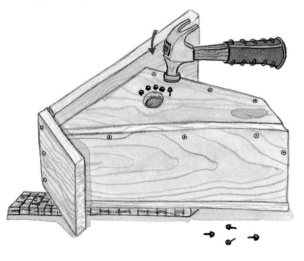

19 Pour la boîte aux lettres, arrondis le dessus d'un carré de bois de 2,5 cm de côté à l'aide de papier abrasif. À la perceuse à main, fais un trou de ¼ po dans le fond et colle le goujon. Laisse sécher. Colorie la boîte aux lettres, puis, à l'aide d'un marteau et de crampons, fixe le poteau sur la cabane.

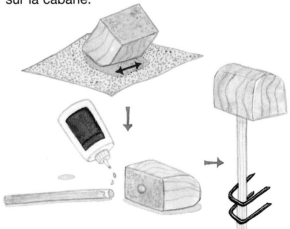

Le chalet en bois rond

Propriété du moineau domestique

Il te faut :

- des planches de pin : deux de 1 x 10 x 30 cm, 1 x 10 x 23 cm, deux de 1 x 10 x 29 cm
- quatre bouts de 2,4 m de moulure demi-rond de ¾ po
- des retailles de bois
- huit vis de 1½ po
- neuf clous communs de 2 po
- quatre clous communs de 1 po
- des clous à finir de ¾ po
- un crayon, une règle, un crayon de couleur gris
- de la colle à bois extérieur et un linge humide
- des gants de travail et des lunettes protectrices
- des serre-joints en C, une scie, une scie à chantourner, un marteau, une perceuse à main avec une mèche de ³⁄₃₂ po, une perceuse électrique avec une scie-cloche de 1½ po, un tournevis

---

1 Pour l'avant, marque le milieu du bord supérieur d'une planche de 30 cm. Fais ensuite une marque à 19 cm du bas, sur chacun des côtés. À l'aide d'une règle, relie ces marques et la marque du centre.

2 Fixe la planche sur ta surface de travail et découpe les triangles à la scie.

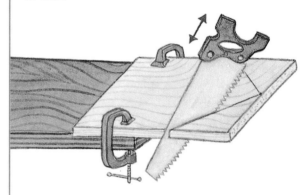

3 Pour l'arrière, pose le panneau avant sur l'autre planche de 30 cm et trace les angles découpés. Fixe le panneau arrière et scie le long des lignes.

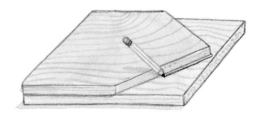

4 Pour le fond, fixe la planche de 23 cm et scie un triangle de 1 cm dans chaque coin pour le drainage.

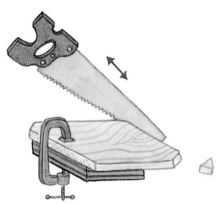

5 Enfonce trois clous de 2 po dans le panneau avant, à environ 1 cm du bord inférieur : un au milieu et un près de chaque extrémité. Les clous doivent juste ressortir de l'autre côté.

6 Applique de la colle sur un bord du panneau du fond. Pose le panneau avant sur le bord encollé et cloue-les ensemble. Essuie le surplus de colle..

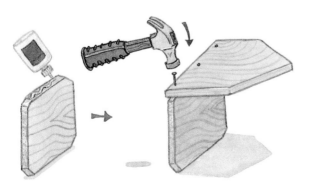

7 Répète les étapes 5 et 6 pour coller et clouer le dos et le fond.

8 Avec la scie à chantourner, découpe dix-huit morceaux de moulure de 26,5 cm chacun.

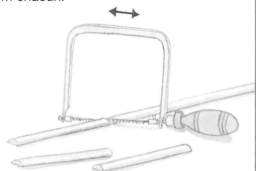

9 En te servant d'un clou à finir près de chaque bout, cloue neuf morceaux de moulure de chaque côté de la cabane. Commence par le bas et laisse un espace près du bord taillé en angle pour l'aération.

10 Dans des retailles de bois, découpe une porte de 10 cm x 6 cm et un seuil de 2,5 cm x 6 cm. Encolle-les, puis fixe-les sur l'avant à l'aide de clous de 1 po.

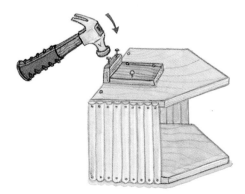

11 Dans une retaille de bois, découpe un auvent de 4 cm x 6 cm. Applique de la colle sur un grand côté et fixe-le au-dessus de la porte à l'aide de deux clous à finir.

12 Pour la fenêtre, colorie un petit carré en gris, à côté de la porte.

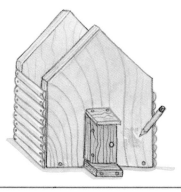

13 Pour faire l'avant, mesure et marque chaque bout de moulure dont tu auras besoin, en commençant par le bas et en continuant autour de la porte et de la fenêtre. Découpe la moulure à la scie à chantourner et cloue chaque morceau à sa place au fur et à mesure, en te servant d'un clou à finir près de chaque bout.

14 Sur l'avant, fais un X au milieu, à environ 17 cm du bas.

15 Fixe la cabane et demande à un adulte de faire un trou d'entrée de 1½ po sur le X, à la perceuse électrique.

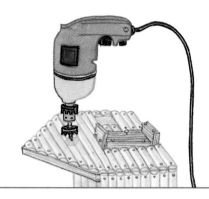

16 Pour le toit, enfonce trois clous de 2 po dans une planche de toit de 29 cm, le long d'un grand côté, comme sur l'illustration, jusqu'à ce que les clous ressortent juste de l'autre côté.

17 Applique de la colle sur le bord d'une autre planche de 29 cm. Cloue les planches ensemble comme sur l'illustration. Essuie le surplus de colle.

18 Mesure et marque la moulure pour faire le devant du toit. Découpe les morceaux à la scie à chantourner et cloue-les à leur place.

19 Pose le toit sur la cabane de façon qu'il soit de niveau avec l'arrière. À la perceuse à main, fais quatre avant-trous de ³⁄₃₂ po, à environ 1 cm des bords arrière, puis visse le toit sur l'arrière à l'aide de deux vis de 1½ po de chaque côté, comme sur l'illustration. Répète l'opération en avant, en mesurant d'abord l'avancée du toit.

20 Dans une retaille de bois mesurant 2,5 x 3,5 cm, fabrique une cabane miniature. Scie délicatement deux coins pour former le sommet. Encolle deux retailles de bois de ⅛ po d'épaisseur, puis cloue-les sur le toit. Pour le trou d'entrée, enfonce puis retire un clou de 1 po. Colle cette cabane d'oiseaux sur le devant de la grande.

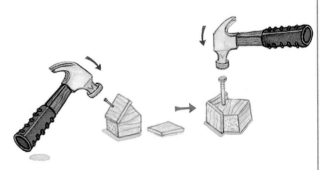

21 Colle des petits bouts de bois en croix sur la fenêtre en guise de carreaux.

Des condos aériens

Des tours d'habitation parfaites pour les hirondelles noires qui aiment vivre en groupe

Il te faut :

- des bouts de tuyau de drainage en plastique ondulé perforé de 15 cm de diamètre : 22 cm, 33 cm, 52 cm
- une planche de pin : 1 x 8 x 1 m
- du contreplaqué d'extérieur : 45 cm x 45 cm
- vingt-quatre vis à tête ronde de 1¼ po
- vingt-quatre rondelles galvanisées de ¼ po
- un pot à fleurs en plastique de 20 cm de diamètre
- deux entonnoirs en plastique de 20 cm de diamètre
- un petit bouton de tiroir ou d'armoire en bois et un écrou correspondant
- une rondelle de plomberie noire
- huit grosses perles de bois colorées
- quatre goujons de 25 cm suffisamment minces pour entrer dans les perles
- du ruban isolant de plusieurs couleurs
- un raccord en T en plastique de 1 po
- neuf vis à tête plate de 1½ po
- de la peinture d'extérieur et un pinceau
- un crayon de couleur blanc ou jaune, un crayon, une règle, des ciseaux
- de la colle à bois extérieur et un linge humide
- des gants de travail et des lunettes protectrices
- des serre-joints en C, une scie à chantourner, un tournevis, une perceuse à main avec une mèche de la taille du goujon, une de ⁷⁄₆₄ po et une de ³⁄₁₆ po, une perceuse électrique avec une scie-cloche de 2¼ po

1 Pour la première tour, fixe le tuyau de 22 cm sur ta surface de travail. Avec le crayon blanc ou jaune, fais une marque à 8,5 cm d'une extrémité. Demande à un adulte de faire un trou d'entrée de 2¼ po sur la marque, à la perceuse électrique.

2 Pose le tuyau debout sur la planche, près d'une extrémité. Avec le crayon, trace l'intérieur du tuyau sur la planche.

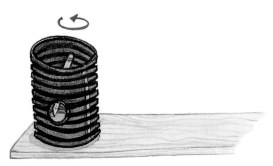

3 Fixe la planche et découpe le cercle à la scie à chantourner.

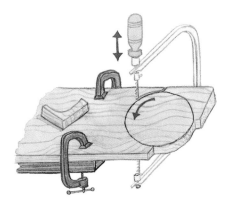

4 Insère le cercle dans le tuyau pour créer une base plate. À la perceuse à main, fais quatre trous de vis de $\frac{7}{64}$ po autour du fond, en traversant le tuyau et le bois.

5 Enfile une rondelle sur chacune des quatre vis à tête ronde de $1\frac{1}{4}$ po et visse-les dans les trous pratiqués dans la base pour la fixer.

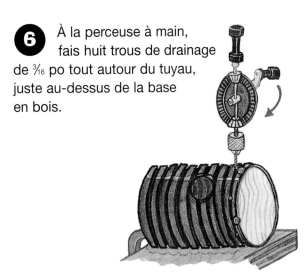

6 À la perceuse à main, fais huit trous de drainage de $\frac{3}{16}$ po tout autour du tuyau, juste au-dessus de la base en bois.

7 À la perceuse à main, fais huit trous d'aération tout autour du tuyau, à 5 cm du bord supérieur.

8 Avec du ruban isolant, décore le tuyau et le pot à fleurs qui sert de toit. Étire un peu le ruban pendant que tu le colles et lisse-le pour qu'il adhère bien.

9 Pour le toit, fais un trou de ³⁄₁₆ po au centre du fond du pot à fleurs en te servant de la perceuse à main. Enfile la rondelle sur le boulon du bouton. Insère le boulon dans le trou pratiqué dans le pot et serre bien l'écrou.

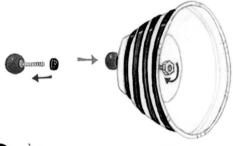

10 À la perceuse à main, fais des trous pour faire pénétrer le goujon de part et d'autre du pot à fleurs. Place le pot sur le tuyau et marque les trous. Enlève le pot et, avec la perceuse à main, fais des trous dans le tuyau.

11 Pose le pot sur le tuyau et insère un goujon dans les trous. Colle une perle sur chaque bout du goujon pour fixer le toit.

12 Pour la seconde tour, fixe le tuyau de 33 cm sur ta surface de travail. Fais un X à 8,5 cm et un autre à 24,5 cm d'une extrémité. Demande à un adulte de faire deux trous d'entrée de 2¼ po sur chaque X, à la perceuse électrique.

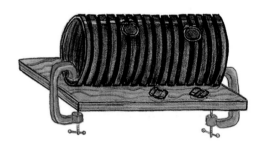

13 Répète les étapes 2 et 3 deux fois pour découper deux cercles.

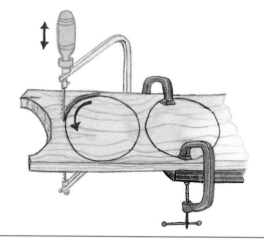

14 Pour créer une base plate, insère un cercle dans le tuyau, à environ 3 cm au-dessous du trou supérieur. À la perceuse à main, fais quatre trous de vis de $\frac{7}{64}$ po en traversant le tuyau et le bois. Serre les vis comme à l'étape 5.

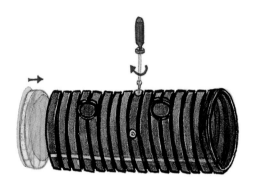

15 Avec le même tuyau, répète les étapes 4 à 7.

16 Pour le toit, colle le raccord en T sur un entonnoir. Décore le tuyau et l'entonnoir avec du ruban isolant.

17 Suis les étapes 10 et 11 pour fixer le toit en entonnoir sur le tuyau.

18 Pour la troisième tour, suis les étapes 12 à 15, en ajoutant un troisième trou d'entrée à 43 cm du bas.

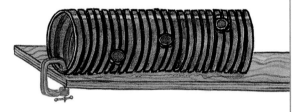

19 Pour le toit, colle une perle au bout d'un goujon et laisse sécher. Insère l'autre bout dans le trou de l'entonnoir, de l'intérieur. Colle une perle juste au-dessus de la pointe de l'entonnoir pour boucher le trou. Décore le dessus du toit avec un drapeau en ruban isolant. Suis les étapes 10 et 11 pour fixer le toit.

20 Demande à un adulte de couper une base de contreplaqué selon la forme de ton choix. En procédant une cabane à la fois, applique de la colle sur le fond de chaque cabane et fixe-la sur la base de bois à l'aide de vis à tête plate. Peins la base avec de la peinture d'extérieur et laisse sécher.

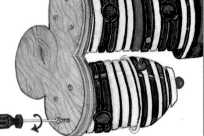

La botte à oiseaux

*Cet abri original fera le bonheur
de la mésange à tête noire*

Il te faut :

- une vieille botte, d'environ 25 cm de hauteur
- un tuyau de drainage en plastique de 10 cm de diamètre et 20 cm de longueur
- des planches de pin : 1 x 6 x 20 cm, 1 x 8 x 8 cm
- quatre vis n° 6 de 1 po • douze clous en laiton de 1 po
- quatre clous de 1½ po • une semence noire
- deux crampons • 6,5 cm de goujon de ¼ po
- des retailles de bois
- une boîte de conserve de 1,6 litre, vide et sans fond
- des pastels à l'huile et un marqueur permanent noir
- 10 cm de fil galvanisé de calibre 20
- de la colle à bois extérieur et un linge humide, de la colle époxyde à prise rapide
- un crayon, une règle, des ciseaux
- des gants de travail et des lunettes protectrices
- des serre-joints en C, une scie à chantourner, une scie, un marteau, une perceuse à main avec une mèche de ¼ po et une de ⁹⁄₃₂ po, une perceuse électrique avec une scie-cloche de 1¼ po, un tournevis, des cisailles à métaux, une pince, du papier abrasif

1 Fixe le tuyau sur ta surface de travail. Fais une marque à 15 cm d'une extrémité. Demande à un adulte de faire un trou d'entrée de 1¼ po sur la marque, à la perceuse électrique.

2 Pose le tuyau debout sur la planche de 20 cm et trace au crayon l'intérieur du tuyau sur la planche. Trace un deuxième cercle à côté du premier.

3 Fixe la planche et découpe les deux cercles à la scie à chantourner. Ils devraient pouvoir loger dans le tuyau.

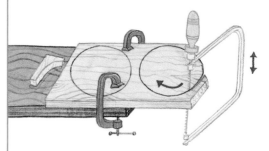

4 Fixe la pièce de bois carrée de 8 cm et scie-la en diagonale pour former deux triangles.

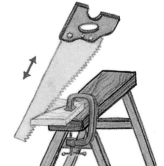

5 Après les avoir fixés, fais des trous d'aération de ¼ po dans le cercle et les triangles, à la perceuse à main.

6 Applique de la colle sur le grand côté d'un triangle et fixe celui-ci sur le cercle avec deux clous de 1½ po, comme sur l'illustration. Répète l'étape avec l'autre triangle, de l'autre côté du cercle. Essuie le surplus de colle.

7 Pour créer une base plate, insère l'autre cercle dans le tuyau. À la perceuse à main, fais un trou de vis de ³⁄₃₂ po de chaque côté, en traversant le tuyau et le bois. Fixe avec des vis de 1 po.

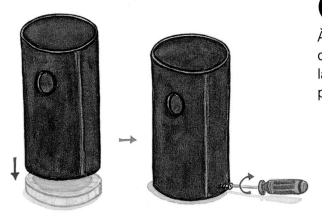

8 Insère le tuyau dans la botte, la base vers le bas. Serre bien le lacet (sers-toi de deux lacets noués ensemble pour en faire un très long). Repère avec ton doigt où se trouve le trou d'entrée dans le tuyau. À l'aide de ciseaux, découpe un trou dans la botte au même endroit.

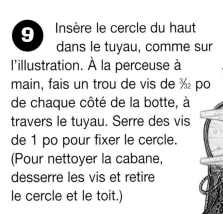

9 Insère le cercle du haut dans le tuyau, comme sur l'illustration. À la perceuse à main, fais un trou de vis de ³⁄₃₂ po de chaque côté de la botte, à travers le tuyau. Serre des vis de 1 po pour fixer le cercle. (Pour nettoyer la cabane, desserre les vis et retire le cercle et le toit.)

10 Fixe la botte à l'envers sur ta surface de travail. À la perceuse à main, fais quelques trous de ¼ po à travers la semelle et la base de bois pour le drainage.

11 Pour le toit en métal, mets des gants de travail et, à l'aide de cisailles à métaux, découpe délicatement la boîte de conserve. À l'aide d'une pince, replie et aplatis deux fois les extrémités coupées. Plie le toit en deux pour former un sommet qui s'ajuste sur les triangles de bois. Fixe-le sur les triangles avec des clous de laiton.

12 Colorie grossièrement le toit avec des pastels à l'huile ou des marqueurs permanents, ou laisse-le se rouiller naturellement. Colorie les triangles en noir.

13 Fixe une retaille de bois et découpe une porte avec la scie à chantourner. Enfonces-y la semence en guise de poignée. Ponce la botte avec du papier abrasif à l'emplacement de la porte. Demande à un adulte de coller la porte avec de la colle époxyde, ainsi qu'une retaille de bois sous la porte en guise de seuil.

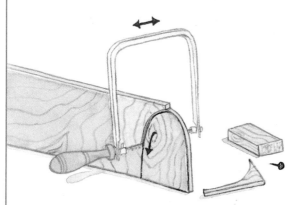

14 Pour faire une boîte aux lettres, arrondis le dessus d'un carré de bois de 2,5 cm à l'aide de papier abrasif. Fais un petit trou de ¼ po dans le fond et colle le poteau en goujon. Laisse sécher. Colorie la boîte aux lettres et fixe-la sur la semelle à l'aide d'un marteau et de crampons.

15 Pour faire une plaque d'adresse, fais des petits trous dans une retaille de bois, à la perceuse à main. Écris le numéro de la maison avec un marqueur. Enfile le fil métallique dans un œillet de la botte, puis dans les trous de la plaque. Enroule les extrémités du fil.